22 DÍAS CONTIGO ESPÍRITU SANTO

CASH LUNA

22 DÍAS CONTIGO ESPÍRITU SANTO

DEVOCIONAL

EN HONOR AL ESPÍRITU SANTO

La misión de Editorial Vida es ser la compañía líder en satisfacer las necesidades de las personas con recursos cuyo contenido glorifique al Señor Jesucristo y promueva principios bíblicos.

22 DÍAS CONTIGO ESPÍRITU SANTO
Edición en español publicada por
Editorial Vida – 2015
Miami, Florida

©2015 por Cash Luna
Este título también está disponible en formato electrónico.

Editor en Jefe: *Rodolfo A. Mendoza Yaquián*
Edición: *Michelle Juárez*
      Débora de Mendoza
Corrección: *Marly Leonzo de Armas*
Diseño interior: *Grupo Nivel Uno, Inc.*

ISBN: 978-0-8297-6255-6

CATEGORÍA: Vida cristiana / Devocional

IMPRESO EN CHINA
PRINTED IN CHINA

15 16 17 18 DSC 06 05 04 03 02 01

Agradezco al Espíritu Santo, mi guía, apoyo e intercesor, a quien amo y busco sin descanso para que renueve mis fuerzas y me sustente en todo lo que emprendo para honra y gloria del Señor.

Él ha bendecido maravillosamente mi vida a través del amor de mi esposa, de mis hijos y de la congregación de Casa de Dios, iglesia que fundamos y que presidimos en la ciudad de Guatemala.

PASTOR CASH LUNA

ÍNDICE

22 días contigo Espíritu Santo es una valiosa herramienta que te ayudará a buscar a Dios y establecer una relación íntima con Él, tal como descubriste que es posible lograrlo al leer *En honor al Espíritu Santo,* libro en el que comparto mi experiencia personal como hombre de familia y pastor.

Cada uno de los 22 días de este devocional inicia con la edificación a través de la Palabra y la exposición de algunas ideas que te ayudarán a enfocarte en el mensaje que el Señor desea compartirte. Luego, puedes iniciar tu comunicación con Dios a través de una sencilla y profunda oración con la que te preparas a escucharlo y a reflexionar sobre tu experiencia personal respecto al tema.

Todos los días cierran con una actividad que te ayudará a poner en práctica las valiosas ideas que descubriste, porque sabemos que es importante poner por obra lo que aprendemos. Te aseguro que tu encuentro con el Espíritu Santo será intenso y gratificante.

El objetivo de este libro es compartirte la gracia del Señor, por lo que no te desanimes si por alguna razón interrumpes la lectura y

la práctica de las actividades que te sugiero.
El Espíritu Santo es paciente y te anhela de
tal forma que al retomar el proceso, Su amor
y unción llenarán tu vida intensamente. ¡No
lo dudes!

Antes de iniciar, quiero compartir contigo
unos versos respecto a la oración que te ayudarán en la comunión con el Espíritu Santo.

1 • Se ora al Padre (Mateo 6:6)
2 • Se ora en el nombre de Jesús (Juan 14:13)
3 • Se ora con fe (Marcos 11:24)
4 • Se ora sin atender a tus virtudes o a tus
    defectos, sino con fe en la sangre del Hijo
    de Dios (Hebreos 10:19-22)
5 • Se ora con humildad (2 Crónicas 7:14)

1. Mt 6=6 más tú, ado ores, entra en tu aposento
Y cerrada la puerta, ora a tu padre q' está en lo secr
Y tu Padre q' ve en lo secreto, Te recompensa en públi
2. Y todo lo q' pidieres al padre en mi nombre, lo haré,
para q' el Padre sea glorificado en el hijo
3. Por tanto os digo, todo lo q' pidiereis orando, creed
q' lo recibireis, y os Vendrá.
4. 22: Acerquémonos con sincero, en plena certi
bre de fé, purificados los □ de mala conciencia,
Y lavados los cuerpos con agua pura
5. Si se humillare mi pueblo, sobre el cual mi no
bre es invocado, y oraren, y Buscaren mi rostro y
se convirtieren de sus malos caminos; entonces
oiré desde los cielo, y perdonaré sus pecados y
sanaré su tierra. 10

DÍA 1
EL SEÑOR TE ANHELA

¿O creen que la Escritura dice en vano que Dios ama celosamente al espíritu que hizo morar en nosotros? Pero él nos da mayor ayuda con su gracia. Por eso dice la Escritura: «Dios se opone a los orgullosos, pero da gracia a los humildes.»

SANTIAGO 4:5-6

Dios siempre te anhelará más de lo que tú puedas imaginar y Su presencia se manifestará sin reservas cuando comprendas esta verdad y lo busques. Su Espíritu, que ha hecho morar en nosotros, nos anhela celosamente porque somos únicos y especiales para Él y desea que seamos de Su propiedad.

El Espíritu Santo no quiere compartir tu amor con el mundo, desea que tú lo escojas a Él y le des la prioridad por sobre cualquier persona o situación. Ansia que apartes tiempo para estar a solas y hablarte. Quiere mantenerse en comunión íntima contigo y para lograrlo, debes desear lo mismo, expresárselo, demostrárselo. Es como en el matrimonio o el noviazgo, ya que en dichas relaciones esperas que la persona amada te busque y atienda exclusivamente a ti. Nada debe ser más importante que el tiempo que pasan juntos. Lo mismo debe suceder en tu relación con Dios. Él te espera para amarte.

Busco al Señor en oración

Recibe el amor que Dios tiene para ti y asegúrale que lo amas con todo el corazón. Dale gracias porque te anhela, eres Su hijo amado y desea tener un encuentro contigo: "Espíritu Santo te adoro y deseo sentir Tu amor rodeándome. Sé que también me anhelas porque soy criatura apartada para ti. Gracias por tu fidelidad incondicional".

Reflexiono

- *¿Te imaginabas que el Espíritu Santo te busca y desea relacionarse contigo?*
- *¿Tu imagen de Dios era la de un padre amoroso o la de un jefe autoritario?*
- *¿Cómo te sientes ahora que sabes que el Espíritu te anhela más de lo que tú podrías anhelarlo a Él?*
- *¿Alguna vez sientes que no tienes tiempo para orar?*
- *¿Sabes que Dios nunca ha sentido el deseo de alejarse de ti?*

¡En acción!

Anoto a qué hora apartaré tiempo para dialogar con mi Padre Celestial, cuánto tiempo le dedicaré y el lugar que prepararé para hacerlo:

Horario: _media noche, Temprano en la mañana, mediodía._

Tiempo que dedicaré: ----------------------------

Lugar que prepararé: ----------------------------

Otras citas

Jeremías 33:11

1 Corintios 8:5-6

El Espíritu Santo desea
establecer una relación
íntima conmigo.

DÍA 2
DESPIERTO Y AÚN ESTOY CONTIGO

¡Cuán preciosos me son, oh Dios,
tus pensamientos! ¡Cuán grande es
la suma de ellos! Si los enumero,
se multiplican más que la arena;
despierto, y aún estoy contigo.

Salmo 139:17-18, rvr60

La relación con Dios puede ser tan intensa como sea tu búsqueda de Su presencia. Pero no solo puede ser intensa, sino que también es una relación profunda y comprometida que te brindará paz y realización. La relación con Dios no es como la que se tiene con un amante fugaz, sino como la de los cónyuges que luego de la unión más íntima continúan abrazados y se aman cada día más, a pesar de las dificultades y las debilidades de cada uno.

El Espíritu Santo desea compartir intensos momentos contigo, además de ofrecerte la seguridad de una relación que perdura. Puedes pasar noches enteras delante Suyo, incluso, hasta el amanecer. Busca a Dios como persona, es decir, como alguien con quien se puede tener una relación íntima y cercana porque desea compartirnos Sus pensamientos y Su amor.

Pídele al Señor que te haga sentir Su presencia y Su poder para que te llene y permanezca en tu vida. La unción es la esencia del poder de Su Espíritu y se manifiesta si estás dispuesto a creerle y darle prioridad. Ser ungido no es casualidad o suerte, es resultado de buscarlo con insistencia, disciplina y amor.

Convéncete de que puedes ser completamente lleno con Su dulce y suave presencia, una y otra vez, en cualquier lugar, porque incluso en medio de tus actividades cotidianas, el Espíritu Santo está contigo en todo momento, por lo que puedes acudir a Él.

Busco al Señor en oración

Prepara tu cuerpo y espíritu para recibir al Espíritu Santo y dile: "Deseo experimentar Tu presencia y Tu poder, quiero aprovechar todo el tiempo que sea posible a Tu lado. Sin importar que las horas pasen, anhelo amanecer contemplándote y experimentando Tu gran amor. Quiero vivir junto a ti cada momento del día".

Reflexiono

- *¿Has procurado buscar a tu Padre Celestial sin importar la hora o que el tiempo pase?*
- *Después de una experiencia intensa con Él, ¿le das gracias por ese tiempo y porque nunca te abandona?*
- *¿Por qué crees que es necesario tener disciplina y constancia para recibir la unción del Espíritu Santo?*

17

¡En acción!

Anoto tres acciones que realizaré durante mi tiempo con el Señor para experimentar Su presencia:

1. Música que escucharé:

----

2. Pasajes bíblicos que leeré:

----

3. Posición cómoda que buscaré para escucharle:

Escribo mi experiencia durante ese tiempo con mi Padre:

Otras citas

Éxodo 33:14-16

Isaías 41:10

Su presencia siempre irá conmigo si le busco de corazón.

DÍA 3

EL AMOR TRANSFORMADOR

*Señor, tú me examinas, tú me conoces.
Sabes cuándo me siento y cuándo me
levanto; aun a la distancia me lees el
pensamiento. Mis trajines y descansos
los conoces; todos mis caminos te
son familiares. No me llega aún la
palabra a la lengua cuando tú, Señor,
ya la sabes toda. Tu protección me
envuelve por completo; me cubres con
la palma de tu mano. Conocimiento tan
maravilloso rebasa mi comprensión; tan
sublime es que no puedo entenderlo.*

Salmo 139:1-6

Dios nos ama y nos acepta tal como somos, aunque Su amor es tan grande que es imposible acercarnos a Él sin que nos impacte y transforme, de la misma forma que no podemos acercarnos al fuego y pretender que no nos queme. Nuestro Padre es quien mejor conoce nuestras virtudes, defectos y errores, por lo que la relación con Él es como la de una pareja que se enamoró durante el noviazgo al descubrir las virtudes de cada uno y que al unirse en matrimonio, decidió amarse toda la vida, incluso luego de conocer sus peores defectos.

La relación con el Espíritu Santo es de amor sin condiciones. No hay error y no hay victoria que logre que Su amor cambie. Sin embargo, desea transformarnos para que nuestra vida mejore y alcancemos la plenitud que solo se experimenta en Su presencia.

Dios desea convertirnos en portadores de Su santa unción a donde vayamos, por eso nos confronta y nos pide que le permitamos entrar en nuestro corazón para transformarlo y moldearlo, según Su voluntad agradable y perfecta. Porque nos ama desea que crezcamos y seamos mejores personas.

Busco al Señor en oración

Prepárate para que te transforme, entrégate en Sus manos para que Él tome el control y dile: "Padre, sé que no soy perfecto, por eso te pido que cambies mi corazón. Dame un espíritu noble que me sustente. Ven a renovarme para que pueda ayudar a otros a que te conozcan".

Reflexiono

- *¿Qué aspectos y acciones te avergüenza que otros conozcan de ti?*
- *¿Qué área específica de tu vida necesita ser transformada? ¿Tus hábitos para mantenerte saludable, tu temperamento colérico o introvertido, tu ánimo para salir adelante?*
- *¿De qué forma permitirás que el Espíritu Santo te transforme?*
- *¿Cómo notarán las personas a tu alrededor que has sido transformado por el Espíritu Santo?*

¡En acción!

Desde hoy permitiré que el Espíritu Santo transforme especialmente:

Mis hábitos -------------------------------------

Mi relación con (anotar nombre de una persona)

Mi temperamento ---------------------------------

Otras citas
Efesios 1:3-6
Romanos 8:35

**Para ser transformado,
primero debo ser
confrontado por el Señor.**

DÍA 4

UN ENCUENTRO EN INTIMIDAD

¿A dónde podría alejarme de tu
Espíritu? ¿A dónde podría huir
de tu presencia? Si subiera al
cielo, allí estás tú; si tendiera
mi lecho en el fondo del abismo,
también estás allí. Si me elevara
sobre las alas del alba, o me
estableciera en los extremos del
mar, aun allí tu mano me guiaría,
¡me sostendría tu mano derecha!

Salmo 139:7-10

El rey David, quien escribió los Salmos, sabía que era imposible huir de la presencia de Dios. A donde fuera, allí lo encontraría. No pensemos que debemos ser perfectos para merecer el amor de nuestro Padre; al contrario, amándolo crecemos y caminamos hacia una vida mejor.

Solo una relación íntima con el Señor nos acerca para recibir la revelación de Su voluntad, por lo que es importante procurarla. Es decir que debes buscar a Dios más allá de solamente sentirte acompañado por Él, ya que una relación íntima es más que compañía. Puedes tener a tu esposa al lado todo el día, pero solo en un tiempo de intimidad se fortalece la unión como pareja ya que se conoce el corazón de la otra persona.

El Señor desea darnos Su Espíritu Santo y unción a través de una relación íntima y especial. Cuando estamos conscientes de Su compañía nuestra conducta mejora porque sabemos que Él nos observa, pero solo la intimidad es la que provoca la transformación. Procura constantemente Su compañía en intimidad para que Su presencia influya en tu vida, te ayude a aprovechar tus fortalezas y a superar tus debilidades, para luego, buscar la unción que te permita beneficiar a quienes te rodean.

Busco al Señor en oración

Pídele que se acerque para que te ayude a conocer más de ti, a través de Sus ojos: "Padre, gracias por interesarte en mí, porque me buscas en intimidad y deseas ayudarme a ser mejor persona. Sé que tengo fortalezas y debilidades, sé que Tú eres el único que puede hacer maravillas en mi vida, así que me entrego en Tus manos".

Reflexiono

- *¿En qué momentos has sentido la compañía de Dios y en cuáles, verdadera intimidad con Él?*
- *¿Imaginabas que Dios es una persona que desea un tiempo de intimidad contigo?*
- *¿Alguna vez has deseado huir de la presencia de Dios porque has cometido un error?*
- *¿Cuándo oras, te das un tiempo para escucharle o solamente te dedicas a repetir palabras?*

- *¿Qué crees que deberías hacer para provocar un momento de intimidad con Dios?*

¡En acción!

Prepara tu corazón para tener momentos de intimidad con el Espíritu Santo, como sucede en la intimidad con la pareja que no se puede planificar con una guía específica, sino que tu entrega y pasión lograrán la mejor experiencia. Piensa qué música escucharás, y a qué hora sucederá. Busca el lugar ideal, tranquilo, sin distractores. Recuerda que en ese momento puedes adorarle, agradecerle, hablarle sobre tus inquietudes y anhelos, y también debes dejar un tiempo de silencio para escucharlo:

Otras citas

Cantares 1:4

Sofonías 3:17

Santiago 4:8

Me acercaré al Señor para que Él se acerque a mí.

DÍA 5
LA PERSONA DEL ESPÍRITU SANTO

*Que la gracia del Señor
Jesucristo, el amor de Dios y
la comunión del Espíritu Santo
sean con todos ustedes.*

2 Corintios 13:14

Hay gran diferencia en tratar a una persona como algo que tratarla como alguien, es decir, como un ser que siente y piensa. La relación con una persona se define por la honra que le demuestras. Si menosprecio, la relación decaerá; si honro y valoro, la relación se fortalecerá. El Espíritu Santo es una persona y merece toda la honra porque es Dios, así que si deseas que tu relación con Él crezca y sea más profunda lo que debes hacer es valorarlo y demostrárselo.

La Biblia revela la importancia que el Espíritu Santo tuvo en la creación; en la vida y obra de los profetas; en el nacimiento, vida y sacrificio de Jesús, y en la evolución de la Iglesia. La clave del mover de Dios está en creer la importancia que tiene la persona del Espíritu Santo y comportarnos de acuerdo con esa fe.

El Espíritu Santo no ocupa el tercer lugar en la Trinidad porque es tan importante como el Padre y el Hijo, siendo los tres, uno solo. Tu comunión con Él será mejor cuando lo reconozcas como la divina persona que es. Más que estudiarlo, hay que conocerlo, y para lograrlo, hay que buscarlo en intimidad.

Busco al Señor en oración

Habla con tu Padre: "Señor, gracias por compartir tu Santo Espíritu conmigo para que me aconseje, acompañe y guíe. Él es importante para mí, tanto como Tú y Jesús, por eso, les abro mi corazón para que habiten en él". Ahora dile al Espíritu Santo: "Te valoro y te amo, te reconozco como Dios, amigo y consejero. Te invito a que habites en mí y me llenes de Tus dones".

Reflexiono

- *¿Le has otorgado al Espíritu Santo la misma importancia que al Padre y al Hijo, o lo has relegado al tercer lugar?*
- *¿Lo tratas como una persona que te ama, que siente, que se goza y también podría molestarse?*
- *¿Qué tiempo le reservas para escucharlo, convencido de que anhela comunicarse contigo y que se preocupa por ti?*
- *¿Cómo reconoces los momentos cuando la presencia de Dios está a tu lado como una persona?*

¡En acción!

Anoto las áreas en las que quisiera pedirle al Espíritu Santo:

Consejo: --

Fuerza: ---

Unción: ---

Otras citas

   Hechos 2:38
   Hechos 10:19-20

El Espíritu Santo es
mi consolador, me da
fuerza, unción y poder.

DÍA 6
LA COMUNIÓN CON EL ESPÍRITU SANTO

Jesús, lleno del Espíritu Santo,
volvió del Jordán y fue llevado
por el Espíritu al desierto.

LUCAS 4:1

Jesús regresó a Galilea en el poder
del Espíritu, y se extendió su
fama por toda aquella región.

LUCAS 4:14

El Espíritu Santo guió a Jesús al desierto para estar a solas con Él. Por lo tanto, aunque era un lugar inhóspito, no era malo porque en ese lugar experimentaría una total dependencia hacia la voluntad divina. Los momentos de adversidad o soledad son valiosos porque en medio de estos puedes encontrarte en comunión con el Espíritu Santo, para luego volver fortalecido con el poder que te otorgue, tal como sucedió con Jesús.

Estar a solas, en comunión con el Señor, debe provocarte una gran ilusión, sin importar tu condición particular, si tienes dinero o no, si estás en una habitación lujosa o modesta; nada debe importar si estás delante de Su presencia. Él está contigo, por lo que jamás estarás realmente solo. Aprovecha tus momentos de desierto, porque son necesarios para rendirte a Su amor y establecer una intensa comunicación con Él. La soledad es una oportunidad valiosa para encontrarte con tu Padre.

Quienes experimentan el poder del Espíritu Santo han tenido que pasar por ese tiempo de desierto donde la dependencia es únicamente hacia la presencia de Dios. En esos momentos, tu relación con Él se fortalece y el refrigerio que experimentarás será tan intenso que darás gracias por haber atravesado ese desierto que te llevó al Señor. Tal como en la luna de miel, el tiempo de soledad favorece la intimidad que provoca que la relación de la pareja se fortalezca.

Busco al Señor en oración

Ante la dificultad, al sentirte abandonado y triste, búscalo y tu panorama cambiará, descansa en el Señor diciéndole: "Gracias, Espíritu Santo, por llenarme y estar a mi lado. De ahora en adelante, nunca más me sentiré solo porque estoy convencido de que me acompañas siempre y Tu presencia es consuelo, paz y alegría".

Reflexiono

- *¿Alguna vez te has sentido solo, abandonado, traicionado o menospreciado? ¿Cómo podrías acercarte a Dios en esos momentos?*
- *¿Le has reclamado al Señor porque te sientes solo o has aprovechado esos momentos para acercarte a Él?*

- *¿Podrías ver lo bueno y agradecer los desiertos que has pasado en vez de quejarte por lo que has sufrido?*

Planifico una acción concreta

Hoy, durante mi tiempo a solas con el Espíritu Santo, le preguntaré a quién o quiénes Él me pide acompañar y confortar. Anoto los nombres y de qué forma les ayudaré a conocer al Espíritu consolador que nunca los abandonará:

Otras citas

Juan 14:15-18

Filipenses 2:1-4

Disfrutar de la presencia del Señor me fortalece.

DÍA 7

VUÉLVEME EL GOZO

*Purifícame con hisopo, y seré limpio; lávame,
y seré más blanco que la nieve. Hazme oír
gozo y alegría, y se recrearán los huesos
que has abatido. Esconde tu rostro de mis
pecados, y borra todas mis maldades.
Crea en mí, oh Dios, un corazón limpio, y
renueva un espíritu recto dentro de mí. No
me eches de delante de ti, y no quites de
mí tu santo Espíritu. Vuélveme el gozo de
tu salvación, y espíritu noble me sustente.
Entonces enseñaré a los transgresores tus
caminos, y los pecadores se convertirán a ti.*

SALMO 51:7-13, RVR60

Dios quiere confrontarte, no para condenarte, sino para formarte y ayudarte a superar tus debilidades. Nuestra naturaleza humana es imperfecta y débil. Al pecar nos apartamos del gozo y de la paz que el Señor desea daros; por eso el Espíritu Santo nos confronta para guiarnos de nuevo a buscar la plenitud y la bendición que tiene para nosotros.

El proceso de confrontación no es fácil, es incómodo, pero el resultado es un corazón limpio y un espíritu renovado por el gozo de la salvación de Dios. Aquel que no entra en Su presencia para ser descubierto, corregido y transformado no podrá ser usado para transformar a otros y apoyarlos en el proceso de encontrar al Señor.

Busco al Señor en oración

Gózate al acercarte al Señor, ya que la experiencia será como ir delante de un espejo donde podrás verte tal como eres para iniciar el proceso de transformación; entonces, dile: "Gracias Padre por regalarme la salvación y por transformarme para ser digno de llevar Tu Palabra a quienes me rodean. Gracias por aceptar mi imperfección y ayudarme a mejorar. Junto a ti soy la persona más feliz de la tierra".

Reflexiono

- *Al descubrir tus pecados, ¿te sientes indigno de presentarte delante del Señor o te acercas con confianza porque sabes que te perdonará y te ayudará a enfrentar la tentación y superar la culpa?*
- *¿Te has alejado de tu Padre Celestial y de otros cristianos porque te avergüenzas de algo que hiciste?*
- *¿A quiénes has rechazado por los errores que han cometido?*
- *¿Eres humilde y aceptas ser corregido cuando te equivocas? ¿Podrías llegar a serlo?*

¡En acción!

Haz un listado de los malos hábitos, errores y pecados que te han alejado de Dios y toma un momento para pedirle perdón.

Otras citas

Salmo 25:14

1 Corintios 1:9

Iré delante del Señor
para que me transforme
con amor.

DÍA 8

CERRADA LA PUERTA

Cuando oren, no sean como los
hipócritas, porque a ellos les encanta
orar de pie en las sinagogas y en las
esquinas de las plazas para que la
gente los vea. Les aseguro que ya
han obtenido toda su recompensa.
Pero tú, cuando te pongas a orar,
entra en tu cuarto, cierra la puerta
y ora a tu Padre, que está en lo
secreto. Así tu Padre, que ve lo que
se hace en secreto, te recompensará.

MATEO 6:5-6

Cuando Dios forma un bebé, lo hace en lo oculto del vientre de su madre y de igual manera, cuando forma una vida espiritual, lo hace en secreto. Dios te hizo único y eres valioso para Él; no te lamentes y ¡aprecia tu vida! No puedes hacer nada por tu pasado, pero sí puedes hacer todo por tu futuro.

A puerta cerrada, en una relación de confianza, arreglas cuentas y dejas que el Señor obre en tu corazón. La clave de la vida pública es la vida privada de oración y entrega a Su voluntad. No temas ser formado por tu Padre que te ama.

El Espíritu Santo pide que cerremos la puerta para orar y buscarle. Cosas maravillosas, como la intimidad en el matrimonio suceden al cerrar la puerta. En soledad, Dios te mostrará Su verdad y confrontará tu realidad. Él aprovecha esos momentos para transformar tu corazón y renovarlo.

Busco al Señor en oración

Encuentra un lugar tranquilo donde puedas acercarte en intimidad, donde nadie te distraiga porque saben que estás con tu Creador:

"Padre te doy gracias porque soy Tu obra perfecta, porque me formaste y me amaste desde
que fui concebido en el vientre de mi madre.
Gracias también porque nuestra relación íntima
y personal me edifica y conforta para afrontar
los retos de la vida diaria".

Reflexiono

- *Desde el día 1 de este devotional
  planificaste apartar un tiempo para el
  Señor ¿Lo has logrado? ¿Qué situaciones te
  han estorbado para lograrlo?*
- *¿Qué aspectos de tu vida o rasgos de tu
  personalidad te ha revelado el Señor que
  debes mejorar, pero ha sido difícil lograrlo?*
- *¿Con quiénes has compartido lo hermoso
  que es disfrutar tiempo en la presencia del
  Señor?*

¡En acción!

Escribo qué cosas quisiera lograr en público,
en qué áreas quisiera que Dios me promovie-
ra: restauración en el hogar, promoción en el
trabajo, por ejemplo. Voy a orar por ello en secreto:

Otras citas

Salmo 139:13-15

Salmo 51:6

La clave de mi vida
pública es mi vida
privada con el Señor.

DÍA 9

EL FUNDAMENTO DE LA SANTIDAD

*El que habita al abrigo del
Altísimo se acoge a la sombra
del Todopoderoso. Yo le digo
al Señor: «Tú eres mi refugio,
mi fortaleza, el Dios en quien
confío.» Sólo él puede librarte
de las trampas del cazador y de
mortíferas plagas, pues te cubrirá
con sus plumas y bajo sus alas
hallarás refugio. ¡Su verdad
será tu escudo y tu baluarte!*

Salmo 91:1-4

Creer que Dios está presente en todo lugar y mira lo que hacemos es el fundamento de una vida en santidad. Tu caminar es más recto cuando estás convencido de que no puedes hacer nada a espaldas del Señor. Él es tu compañero y siempre está a tu lado, viendo lo que haces, escuchando cada conversación y discerniendo tus pensamientos más íntimos. Puedes esconder tu pecado a los hombres, pero a Él, no puedes engañarle.

Para caminar bajo la sombra de Su omnipotencia, debes estar convencido de Su omnisciencia, es decir, de Su capacidad de ver y de conocer todo. Este hecho es esperanzador porque si todo el tiempo te ve, también es cierto que todo el tiempo está contigo para sustentarte y apoyarte. Es como si fueras parte de un programa de televisión en vivo donde hay cámaras que graban y transmiten todo lo que los protagonistas hacen. Esa conciencia de ser visto provoca que las acciones sean mejor pensadas y planeadas para que provoque un impacto positivo en el espectador.

Busco al Señor en oración

Recuerda cuando hiciste algo que sabes que el Señor vio y que no fue agradable a Sus ojos y dile: "Señor, estoy aquí, de nuevo delante de Tu presencia, agradecido por Tu infinito amor que me acompaña a todo lugar y es mi fortaleza en cualquier situación. Te pido perdón por lo que has visto que no es de tu agrado. Estoy convencido de que estás a mi lado, por eso, de ahora en adelante, te hago parte de mis acciones, emociones y pensamientos".

Reflexiono

- *¿Crees que Dios está a tu lado para condenarte por lo que puedas hacer o para acompañarte porque te ama?*
- *¿En qué momentos compartes con el Señor tus pensamientos y acciones?*
- *¿Eres constante en consultarle qué hacer en momentos difíciles y le agradeces los eventos afortunados?*

¡En acción!

Anoto un momento del día cuando me sentí acompañado por el Señor, quien hizo vallado por mí:

Anoto la situación del día por la que quisiera pedirle perdón al Señor porque sé que estaba allí cuando sucedió:

Otras citas

Salmo 38:9

Proverbios 15:3

**Mi Padre me acompaña
donde quiera que voy.**

DÍA 10
TOTALMENTE SUMERGIDO

Cual ciervo jadeante en
busca del agua, así te busca,
oh Dios, todo mi ser.

Salmo 42:1

La llenura del Espíritu Santo no es como tomar agua en un vaso, sino como sumergirse en un río. La Palabra nos habla de un ciervo que se acercó a las corrientes de agua, empezó a beber y, de pronto, se dio cuenta de que "todas sus ondas y sus olas se han precipitado sobre él". Es decir que ya no estaba en la orilla, sino que estaba totalmente sumergido, debajo de la corriente. Así es Dios con aquellos que genuinamente tienen sed de Él y le buscan, los sumerge en Su gracia y Su paz, los llena completamente.

Al leer sobre los ciervos, vemos que braman, es decir que jadean cuando tienen sed y también cuando huyen de sus enemigos. Especialmente cuando escapan de los cazadores, consumen grandes cantidades de agua, por lo que se acercan a los ríos para sumergirse a beber y también con la intención de eliminar su olor para que los depredadores no puedan rastrearlos.

Cuando nos sumergimos plenamente en el Señor, no solamente somos saciados, sino que también recibimos la confianza para enfrentar a nuestros adversarios y situaciones difíciles.

Así como buscamos el alimento diario para nuestro cuerpo, debemos buscar la unción del Espíritu Santo hasta saciarnos durante cada jornada.

Busco al Señor en oración

El Señor desea llenarte y darte fuerzas. Pídele: "Lléname con Tu presencia y unción. Padre, te anhelo y te necesito junto a mí. Soy como un ciervo sediento y deseo recibirte, gracias por entregarte totalmente, quiero imitarte, rebalsa mi espíritu para que pueda llevar tu Palabra y servirte con humildad".

Reflexiono

- *Cuando te has sentido vacío y sin ánimo porque nada te satisface, ¿a quién recurres? ¿A una persona, un hábito o un vicio, o buscas al Señor?*
- *Las veces que te has alejado del Señor por sumergirte en el mundo y sus tentaciones, ¿te has sentido satisfecho o quedas vacío de nuevo? ¿Qué hubiera sucedido si te acercas a Dios?*

- *¿Cuándo fue la última vez que buscaste la llenura del Espíritu Santo?*
- *¿Podrías buscarla continuamente?*

¡En acción!

Anoto a qué servicio o reunión especial de la iglesia iré esta semana para adorar al Señor y en comunidad, recibir al Espíritu Santo y Su maravillosa unción:

Anoto el nombre de una persona a quien llevaré para que experimente la unción del Espíritu Santo:

Escribo sobre mi experiencia:

Otras citas

Efesios 5:18

Hechos 2:17

Señor, llena mi cuerpo,
mi corazón y mi espíritu
con Tu presencia.

DÍA 11
SEDIENTO DE TI

Tengo sed de Dios, del Dios
de la vida. ¿Cuándo podré
presentarme ante Dios?

SALMO 42:2

Un abismo llama a otro abismo
en el rugir de tus cascadas;
todas tus ondas y tus olas se
han precipitado sobre mí.

SALMO 42:7

Haz tiempo para presentarte continuamente delante del Espíritu Santo para que te llene con Su gracia y Su amor. Debes procurarlo todos los días, no solo durante una actividad especial o en la iglesia. Al verte bebiendo de Su presencia, Él te toma y te sacia completamente. ¡Este es un buen momento para que te llene! Tener hambre y sed del Señor es desear constantemente Su presencia y unción, volverse dependiente de Él porque lo necesitas como el agua y el alimento para mantenerte con vida.

Cuando uno de tus abismos, como el deseo por recibir la unción, se llena por la cascada del Espíritu, descubres otro abismo que necesita llenarse, por ejemplo, obedecerle en todo lo que te pida. Cada vez que Dios llena un vacío, aparece otro porque tu búsqueda del Señor nunca termina y debe saciarse constantemente.

Busco al Señor en oración

Acércate al Espíritu Santo para que sacie tu necesidad de Su presencia y dile: "Gracias por llenar el vacío que había en mi corazón y que nada ni nadie puede rebozar porque Tu presencia y amor son lo único que verdaderamente me hacen sentir la plenitud de una vida entregada a ti y al servicio de quienes me rodean".

Reflexiono

- *¿Qué abismos o áreas de tu vida ha llenado el Señor?*
- *¿Cuáles crees que te falta llenar y que aún te hacen sentir sediento de Su gracia?*
- *¿Qué cosas o situaciones buscas para llenar esos abismos en tu vida?*
- *¿Dependes totalmente de Dios o todavía dependes del mundo en ciertos aspectos?*

¡En acción!

Enumero y describo de qué forma siento hambre y sed de Dios y de qué forma buscaré saciarla:

Siento hambre y sed de Dios cuando	Puedo saciarme al:

Siento hambre y sed de Dios cuando	Puedo saciarme al:

Otras citas

Salmo 73:25-26

Salmo 63:1-2

¡Sacia mi hambre y sed con Tu presencia!

DÍA 12

¡QUÉ EXTRAÑAS ÓRDENES!

Cuando Jesús y sus discípulos llegaron a Capernaúm, los que cobraban el impuesto del templo se acercaron a Pedro y le preguntaron: —¿Su maestro no paga el impuesto del templo? —Sí, lo paga —respondió Pedro. Al entrar Pedro en la casa, se adelantó Jesús a preguntarle: —¿Tú qué opinas, Simón? Los reyes de la tierra, ¿a quiénes cobran tributos e impuestos: a los suyos o a los demás? —A los demás —contestó Pedro. —Entonces los suyos están exentos —le dijo Jesús—. Pero, para no escandalizar a esta gente, vete al lago y echa el anzuelo. Saca el primer pez que pique; ábrele la boca y encontrarás una moneda. Tómala y dásela a ellos por mi impuesto y por el tuyo.

MATEO 17:24-27

Jesús le pidió a Sus discípulos cosas inusuales: desatar un burrito que pertenecía a otra persona para usarlo como transporte, sacar dinero de la boca de un pescado, caminar detrás de un hombre que cargaba un cántaro con agua. Él pidió estas cosas porque buscaba prepararlos en la obediencia y la humildad que se requiere para recibir y compartir la unción del Espíritu Santo.

La unción sigue a la obediencia por eso, el Señor establece autoridades en tu vida, porque si eres capaz de obedecer a quien ves, también serás capaz de obedecer al Espíritu Santo, a quien no ves, y desea ungirte.

Cuando Dios nos pide hacer cosas inusuales y difíciles para nuestra carne, debemos morir al ego y al orgullo, porque es en esos instantes cuando nos forma para ser ungidos con poder. Obedecer implica fe en quien da la orden y Él nos pide esa fe a toda prueba. ¡Demuéstrale que estás listo para recibir Su unción!

Busco al Señor en oración

Ahora que Dios llena tus abismos, dile: "Padre quiero ser un portador de bendición, quiero ser completamente obediente a Tus instrucciones. Por favor, te pido que formes mi carácter y voluntad para ser un fiel discípulo Tuyo".

Reflexiono

- *Piensa en tus reacciones al recibir una instrucción. ¿Eres una persona dócil que obedece órdenes?*
- *¿En qué situaciones se te dificulta someterte a la autoridad o buscas desafiar las órdenes que recibes? ¿Cómo podrías mejorar esa actitud?*
- *¿Qué cosas inusuales te ha pedido Dios y cómo has respondido?*

¡En acción!

Anoto el nombre de dos personas que están en autoridad y de qué forma mejoraré mi actitud hacia ellas para demostrarles que la unción del Señor ha transformado mi carácter:

1. --

----

2. --

Otras citas

Lucas 19:29-34
Salmo 45:7

**Seré obediente para
merecer la unción.**

DÍA 13

CÍÑETE

*Supongamos que uno de ustedes tiene un
siervo que ha estado arando el campo
o cuidando las ovejas. Cuando el siervo
regresa del campo, ¿acaso se le dice: "Ven
en seguida a sentarte a la mesa"? ¿No se
le diría más bien: "Prepárame la comida
y cámbiate de ropa para atenderme
mientras yo ceno; después tú podrás cenar"?
¿Acaso se le darían las gracias al siervo
por haber hecho lo que se le mandó? Así
también ustedes, cuando hayan hecho todo
lo que se les ha mandado, deben decir:
"Somos siervos inútiles; no hemos hecho
más que cumplir con nuestro deber."*

LUCAS 17:7-10

A pesar de un cansado día de trabajo, cíñete y toma un tiempo para buscar la presencia de Dios. Ceñirte significa ponerte un cinturón para llevar una carga pesada. Toma fuerza y busca tiempo para orar, que no termine el día sin que te acerques a tu Padre, lo busques para darle gracias por las oportunidades que te brindó y para escucharlo, además de reflexionar en las obras que hiciste durante el día para ser útil y servir a los demás.

Siempre busca ir más allá. No te quedes en la simpleza de obedecer órdenes, sino atrévete a hacer más de lo que se te pide. Acércate al Señor disciplinadamente. Cuando le atiendes, tienes la oportunidad de comer en Su mesa y compartir Sus alimentos.

Debes atender a quien sirves, especialmente a Dios. Requiere esfuerzo descubrir que lo más importante de este mundo es tu tiempo a solas con Él, porque el afán de la vida y el engaño de las riquezas buscan apartarte de Su lado. La preocupación desmedida te carga y te impide escuchar la voz de Dios y dedicarte a lo más importante, atenderlo y disfrutar de Su presencia. Tus fuerzas se consumirán inevitablemente, así que lo mejor es que las gastes al servir a tu Señor y pasar tiempo a Su lado.

Busco al Señor en oración

Sentir al Señor es natural, simplemente cierra tus ojos y háblale, Él está tan pendiente de escucharte y reconfortarte que no tardarás en sentirlo a tu lado. Entonces, dile: "Señor estoy para servirte, dime qué quieres de mí, cómo puedo complacerte, ese es el deseo más grande de mi corazón".

Reflexiono

- *¿Cuánto tiempo de tu oración dedicas a escuchar al Señor, servirle y agradecerle más que para pedirle por tus necesidades?*
- *Incluso en medio del cansancio, ¿buscas al Espíritu Santo para escucharle y permitir que te brinde refrigerio?*
- *¿De qué forma demuestras que eres una persona servicial, dispuesta a colaborar en lo que te solicitan?*
- *¿En qué momentos haces más de lo que se te pide?*

- *¿Buscas servir con cariño a quien lo necesita, aunque no te lo pida?*

¡En acción!

Anoto tres acciones específicas que haré durante esta semana para servir al Señor:

Una actividad con tu familia:

Una actividad en la iglesia:

Una actividad con alguien que te necesita:

Otras citas

Deuteronomio 6:5

1 Timoteo 6:2

Señor, eres mi Rey y Salvador, estoy para servirte.

DÍA 14
EN QUIETUD Y EN REPOSO

Porque así dice el Señor
omnipotente, el Santo de Israel:
"En el arrepentimiento y la calma
está su salvación, en la serenidad
y la confianza está su fuerza, ¡pero
ustedes no lo quieren reconocer!"

ISAÍAS 30:15

Dios desea que le busquemos a solas para meditar con tranquilidad. No le temas a la soledad, ya que puede ser muy productiva. Aprende a dejar tus cargas y cansancio para encontrarte con Él, ya que espera que le dediques tiempo de calidad, no lo que te queda al final del día, cuando estás agotado.

Además, cuando tu alma está agobiada y ansiosa, difícilmente será fortalecida por el Señor. Frente al abatimiento debes reposar en quietud en la presencia de Dios, en silencio, con humildad, confiando en que si le entregas tu ansiedad, Él tiene cuidado de tu vida. Generalmente actuamos impulsivamente, pero debemos buscar tranquilizar nuestro ánimo para tomar cualquier decisión, por pequeña que parezca, porque el Señor nos habla cuando estamos en quietud y reposo.

Está bien que te desahogues en Su presencia, que le manifiestes tu aflicción, que le expongas tu tristeza, pero también dale tiempo para reconfortarte y darte fortaleza para que encuentres soluciones. El Señor nos pide que aprendamos a ser mansos y humildes de corazón al reconocer que todo viene de Sus manos.

De esta forma encontraremos descanso y reposo para alabarle.

Busco al Señor en oración

Dile: "Gracias, Padre, porque con mi silencio y reposo delante de ti demuestro que confío en Tu amor y permitiré que actúes en mi vida. Gracias porque tienes cuidado de mí. Ayúdame a fortalecer mi fe para liberarme del cansancio y dedicarte el tiempo que mereces".

Reflexiono

- *¿Qué situaciones te han agobiado y no has buscado al Señor para que te fortalezca?*
- *¿En qué momentos te has dejado dominar por la ansiedad y las preocupaciones que no te dejan dormir?*
- *¿En qué circunstancia de tu vida has permitido que la quietud y el reposo de Dios llenaran tu alma en medio de un problema?*
- *¿Qué le has enseñado a tu familia con tu ejemplo? ¿Que la ansiedad se combate al buscar al Señor o que nuestro afán nos domina?*

¡En acción!

Planifico mi horario semanal, especificando qué actividad del día me produce afán, cansancio o temor para que busque al Señor y Su reposo en ese momento específico:

Lunes: _____
_____
_____

Martes: _____
_____
_____

Miércoles: _____
_____
_____

Jueves: _____
_____
_____

Viernes: _____
_____
_____

Sábado: --

Domingo: ---

Otras citas

Salmo 46:10
Salmo 4:4
1 Pedro 5:6-7
Salmo 37:7-9

**En el descanso y la
tranquilidad encuentro
al Señor.**

DÍA 15

LO MATERIAL Y LO ESPIRITUAL

*Sin embargo, como está escrito: «Ningún ojo
ha visto, ningún oído ha escuchado, ninguna
mente humana ha concebido lo que Dios ha
preparado para quienes lo aman.» Ahora
bien, Dios nos ha revelado esto por medio de
su Espíritu, pues el Espíritu lo examina todo,
hasta las profundidades de Dios. En efecto,
¿quién conoce los pensamientos del ser humano
sino su propio espíritu que está en él? Así
mismo, nadie conoce los pensamientos de Dios
sino el Espíritu de Dios. Nosotros no hemos
recibido el espíritu del mundo sino el Espíritu
que procede de Dios, para que entendamos
lo que por su gracia él nos ha concedido.*

1 CORINTIOS 2:9-12

Así que yo les digo: Pidan, y se les dará;
busquen, y encontrarán; llamen, y se
les abrirá la puerta. Porque todo el que
pide, recibe; el que busca, encuentra;
y al que llama, se le abre. ¿Quién de
ustedes que sea padre, si su hijo le pide
un pescado, le dará en cambio una
serpiente? ¿O si le pide un huevo, le dará
un escorpión? Pues si ustedes, aun siendo
malos, saben dar cosas buenas a sus
hijos, ¡cuánto más el Padre celestial dará
el Espíritu Santo a quienes se lo pidan!

LUCAS 11:9-13

Las manos de Dios están llenas de bendición para nosotros, incluso de lo que no imaginamos ni hemos pedido porque están fuera de nuestro conocimiento. Solo a través del Espíritu Santo puedes descubrirlas porque Él nos revela lo profundo del corazón de Dios, quien es buen Padre y desea nuestra plenitud en la vida espiritual y material.

No dependas de tus recursos y habilidades para alcanzar lo material; depende de la gracia de Dios y de Sus promesas para alcanzar más allá de lo que necesitas, incluso tus sueños y anhelos más profundos. En nuestra vida espiritual y material deberíamos tener un solo pensamiento: creer y buscar siempre lo mejor. La fe para lo material complementa la fe para lo espiritual. Tu fe debe servirte para prosperar día a día. Tener esa convicción es como ir al gimnasio de la fe y ejercitar el músculo de la confianza que te dará la victoria en el día de la verdadera batalla.

Jesús dijo que si pedíamos se nos daría. ¡Hazlo con libertad! porque esa es la actitud de un hijo confiado que desea darle la honra a su Padre, quien es capaz de proveerle en todo sentido. Necesitas fe para pedir que la gloria de Dios te acompañe, de la misma forma que la necesitas para pedir el sustento y para ver realizados tus sueños. Si crees que el Señor es un buen Padre que te da el pan diario, también cree que te dará al Espíritu Santo y Su unción, si se lo pides.

Busco al Señor en oración

Acércate a Él y pídele con confianza: "Padre, sé que eres mi proveedor y sustentador. Te doy gracias porque me has dado una medida de fe que crece cada día y me hace fuerte para pedirte, convencido de que recibiré mucho más de lo que imagino porque Tú harás que sobreabunde provisión en mi vida espiritual y material".

Reflexiono

- *Si piensas que pedirle al Señor cosas materiales es vano y superficial, ¿a quién se las pedirías?*
- *¿De qué forma puedes demostrar que tienes fe en que tu Padre puede proveerte en todo sentido?*
- *¿Qué testimonios puedes compartir sobre la provisión que tu Padre te ha dado en el área material y en el área espiritual?*

- *¿De qué forma esperas que la unción, un regalo espiritual, sea visible en tu vida?*

¡En acción!

Escribo lo que el Espíritu Santo me ha dicho que puedo pedir al Padre y por lo que oraré y trabajaré para recibir en el área:

Material: --------------------------------------

Espiritual: ------------------------------------

Ministerial: -----------------------------------

Otras citas

Efesios 3:14-20

Salmo 37:4

Padre, solo en ti confío
para recibir mucho más
de lo que imagino y
espero.

DÍA 16
TEMPLO DEL ESPÍRITU SANTO

*¿Acaso no saben que su cuerpo
es templo del Espíritu Santo,
quien está en ustedes y al que
han recibido de parte de Dios?
Ustedes no son sus propios
dueños; fueron comprados por
un precio. Por tanto, honren
con su cuerpo a Dios.*

1 Corintios 6:19-20

El Espíritu Santo habita en tu cuerpo, por eso no debes descuidarlo, maltratarlo o idolatrarlo. El Señor unge cuerpos, no espíritus, mentes ni almas. La unción viaja en el cuerpo, de la cabeza a los pies, y se comparte al imponer manos sobre quien desea recibirla. No podemos decir que creemos en sanidades sobrenaturales si no estamos convencidos de que el cuidado natural de nuestro cuerpo y la salud son importantes.

Jesús es ejemplo del cuidado que nuestro cuerpo merece. Llevó nuestros pecados en Su cuerpo, y por las heridas provocadas en Su carne, fuimos sanados. Como cordero destinado a ser crucificado, presentó un cuerpo perfecto, sin enfermedad ni defectos, por tal razón, lo cuidó.

Cuando te acercas al Señor, presentas tu ser al orar, cantar o levantar las manos, así que si deseas más unción, debes respetar más tu cuerpo. Dios no habita en templos o construcciones, sino en cada uno de Sus hijos. Cuida la santidad de tu cuerpo, lo que tus ojos ven, lo que tus manos tocan, lo que tus oídos escuchan y te aseguro que podrás sentir con más facilidad la presencia de Dios.

Busco al Señor en oración

Adóralo con todo tu ser y dile: "Gracias Señor por darme un cuerpo para recibir Tu unción. Sé que habitas en mí, soy Tu templo, por eso cuidaré mi salud física y espiritual para ser una digna morada Tuya".

Reflexiono

- *¿De qué forma cuidas tu salud? ¿Haces ejercicio y te alimentas sanamente?*
- *¿Qué cosas podrías dejar de ver, escuchar y decir para no contaminar tu cuerpo, alma y espíritu?*
- *¿Qué imagen proyectas a través de tu comportamiento y forma de vestir? ¿Consideras que el Señor los aprueba?*

¡En acción!

Anoto las acciones y nuevos hábitos que realizaré para cuidar mejor mi cuerpo:

Lo que dejaré de comer:

La cantidad de tiempo que me ejercitaré:

Qué ejercicios haré:

Las prendas de vestir que usaré o dejaré de usar:

Otras citas

Romanos 6:12-13

1 Tesalonicenses 5:23

1 Pedro 2:24

Ven Señor, habita en mí.

DÍA 17

LIBRE DE OFENSAS

*Porque si perdonan a otros sus
ofensas, también los perdonará
a ustedes su Padre celestial.
Pero si no perdonan a otros sus
ofensas, tampoco su Padre les
perdonará a ustedes las suyas.*

MATEO 6:14-15

Para ser usados por Dios, debemos perdonar cada ofensa que nos hacen, con o sin intención. De lo contrario, nos arriesgamos a que deje de atender nuestra petición de perdón por nuestros pecados. El día que no perdonemos un pecado o una ofensa, detendremos nuestro crecimiento, porque Dios no contestará nuestras oraciones.

Las ofensas residen en tu corazón solo si lo permites, pues no todo lo que te ofende es pecado. Tú tienes el poder para superar esas situaciones. Jesús sufrió por hacer lo bueno, Él no ofendió a nadie, sin embargo, fue tratado injustamente y perdonó. Nosotros debemos aprender de Él a soportar las injusticias para que otros sean bendecidos.

Todos hemos ofendido y a todos nos han ofendido, por lo que tarde o temprano, necesitaremos pedir perdón y será más fácil recibirlo si lo hemos otorgado. Para mantener relaciones saludables con nuestros hermanos y la intimidad con Dios debemos confesar nuestras ofensas y perdonarlas. Hay ofensas más fáciles de perdonar que otras, incluso después de haber orado y de escuchar la confesión de la persona. Entonces, no solo hay que perdonar la ofensa en el momento, sino cada vez que la recuerdes. Cuantas veces sea necesario, debes ir delante de Dios a pedirle que te ayude a perdonar, hasta que sientas total libertad en tu alma para que puedas disfrutar plenamente de tu relación en intimidad con Él.

Busco al Señor en oración

Dale gracias a Dios por Su inmensa capacidad de perdón: "Eres mi ejemplo; quiero aprender a perdonar como Tú lo haces. Dame la fortaleza para superar mi dolor y descubrir que lograré sanar mi corazón si perdono a quienes me han ofendido. También te agradezco que me ayudes a descubrir a quiénes debo pedir perdón".

Reflexiono
- *¿Por qué consideras que te ofendes con facilidad?*
- *¿Qué podrías hacer para superar el rencor que a veces sientes durante mucho tiempo por algo que te incomodó?*
- *¿En qué momentos has pedido perdón cuando has ofendido a alguien, aunque fuera sin intención?*

¡En acción!

Medito en las ofensas que he cometido y busco la forma de acercarme a las personas a quienes he ofendido. Escribo las ideas que quisiera expresarle y las comparto con alguien de la congregación que pueda apoyarme en buscar la mejor forma de decirlas:

Planifico el momento cuando me acercaré a la persona a quien debo pedir perdón:

Otras citas

Mateo 18:21-22

Santiago 5:16

Santiago 3:2

Mateo 5:23-24

Mi Padre me enseña
a perdonar y a pedir
perdón.

EL PODER DE LA HONRA

Salió Jesús de allí y fue a su tierra, en compañía de sus discípulos. Cuando llegó el sábado, comenzó a enseñar en la sinagoga. —¿De dónde sacó éste tales cosas? —decían maravillados muchos de los que le oían—. ¿Qué sabiduría es ésta que se le ha dado? ¿Cómo se explican estos milagros que vienen de sus manos? ¿No es acaso el carpintero, el hijo de María y hermano de Jacobo, de José, de Judas y de Simón? ¿No están sus hermanas aquí con nosotros? Y se escandalizaban a causa de él. Por tanto, Jesús les dijo: —En todas partes se honra a un profeta, menos en su tierra, entre sus familiares y en su propia casa.

En efecto, no pudo hacer allí ningún milagro, excepto sanar a unos pocos enfermos al imponerles las manos. Y él se quedó asombrado por la incredulidad de ellos. Jesús recorría los alrededores, enseñando de pueblo en pueblo.

MARCOS 6:1-6

Jesús sanó a muchos, pero en Nazaret, donde creció, no pudo hacer tantos milagros, solamente algunos, imponiendo manos. ¿Por qué? Porque allí, en Su pueblo, las personas que lo vieron crecer, lo identificaban como el hijo del carpintero de quien podían esperar una silla o una mesa, pero no lo veían como el Hijo de Dios que podía sanarlos y darles vida eterna.

Para que el poder del Señor fluya en alguien a favor de otros, se debe honrar lo que Dios puso en esa persona. Además, debes darle al Espíritu Santo la honra que merece para que pueda usarte poderosamente y seas de bendición para muchos.

La honra es tan poderosa que prolonga la vida y garantiza bendición. Puedes honrar al Señor con tus actitudes, con tu adoración y también con tus bienes. Esta honra produce abundancia.

Busco al Señor en oración

Con un corazón humilde dile: "Padre, eres digno de todo honor y honra, todo lo que hago, digo y pienso es una ofrenda de amor y

95

admiración a Tu majestad. Eres Rey de reyes y Señor de señores, además, soy Tu hijo amado, así que actuaré con la dignidad que me otorga ser familia del Altísimo".

Reflexiono

- *¿Piensas que eres digno de recibir honra, pero no la otorgas?*
- *¿De qué forma demuestras honra a quienes la Palabra te dice que la merecen?*
- *Al recibir remuneración por tu trabajo, ¿honras al Señor por la bendición que te ha dado?*
- *¿Cómo les enseñas a tus hijos que te honren porque esa actitud es de bendición para sus vidas?*
- *¿Con qué acciones enseñas a tus hijos a honrar al Señor?*

¡En acción!

Anoto de qué forma honraré a tres personas que la Biblia me dice que debo honrar. Además, anoto una acción específica que haré para demostrarle al Señor que le doy honra:

Otras citas

Proverbios 3:9-10

Éxodo 20:12

**Te adoro Señor, Tu poder
y majestad son dignos de
honor y gloria.**

DÍA 19

DIOS DESEA USARTE

*Les dijo: «Vayan por todo el mundo y
anuncien las buenas nuevas a toda criatura.
El que crea y sea bautizado será salvo, pero
el que no crea será condenado. Estas señales
acompañarán a los que crean: en mi nombre
expulsarán demonios; hablarán en nuevas
lenguas; tomarán en sus manos serpientes;
y cuando beban algo venenoso, no les hará
daño alguno; pondrán las manos sobre los
enfermos, y éstos recobrarán la salud.»*

MARCOS 16:15-18

Dios desea usarnos a todos, pero hay quienes creen que los milagros solo pueden suceder a través de personas famosas o importantes. Si tienes fe para creer que Dios las usa a ellas, ¿por qué no tenerla para creer que también puede usarte? Él toma como instrumento a gente sencilla y genuina. Por eso quiere usarte tal como eres.

El Espíritu Santo no espera que seas perfecto para hacerte Su instrumento, al contrario, te forma y apoya para que tengas confianza y asumas la responsabilidad de compartir con otros la unción que has recibido.

El regalo de ser llenos del Espíritu Santo nos compromete a darlo. Dios te llena con el fin de que seas testigo, para que otros alejados o cautivos puedan recibirlo.

Busco al Señor en oración

Comparte tus anhelos: "Señor, sabes que soy imperfecto y débil, pero deseo que me uses para bendecir a muchos. Tómame, moldéame y fórmame para compartir Tus dones con mi familia, con mis amigos y con todas las personas que me permitas alcanzar".

Reflexiono

- *¿Cuál es el impedimento que ves en ti, por el que piensas que Dios no puede usarte poderosamente?*
- *¿Qué rasgos del carácter de las personas usadas por Dios te gustaría aprender?*
- *¿Cuánto le demuestras a Dios tu anhelo de ser usado por Él?*
- *¿Qué estás dispuesto a dejar a un lado por ser instrumento del Señor?*

¡En acción!

Anoto el nombre de tres personas a quienes llevaré la unción que el Espíritu Santo me ha regalado y explico de qué forma permitiré que Él me use para llevarles Su amor:

Otras citas

Hechos 1:8

Jeremías 1:5-7

**Espíritu Santo, ¡úsame
con poder para ser
testigo de Tu amor!**

DÍA 20

DECLARA LA PALABRA

Un día, mientras enseñaba, estaban sentados
allí algunos fariseos y maestros de la ley
que habían venido de todas las aldeas de
Galilea y Judea, y también de Jerusalén.
Y el poder del Señor estaba con él para
sanar a los enfermos. Entonces llegaron
unos hombres que llevaban en una camilla
a un paralítico. Procuraron entrar para
ponerlo delante de Jesús, pero no pudieron
a causa de la multitud. Así que subieron a
la azotea y, separando las tejas, lo bajaron
en la camilla hasta ponerlo en medio de la
gente, frente a Jesús. Al ver la fe de ellos,

Jesús dijo: —Amigo, tus pecados quedan
perdonados. Los fariseos y los maestros
de la ley comenzaron a pensar: «¿Quién
es éste que dice blasfemias? ¿Quién puede
perdonar pecados sino sólo Dios?» Pero Jesús
supo lo que estaban pensando y les dijo:
—¿Por qué razonan así? ¿Qué es más fácil
decir: "Tus pecados quedan perdonados", o
"Levántate y anda"? Pues para que sepan
que el Hijo del hombre tiene autoridad
en la tierra para perdonar pecados —se
dirigió entonces al paralítico—: A ti te
digo, levántate, toma tu camilla y vete a tu
casa. Al instante se levantó a la vista de
todos, tomó la camilla en que había estado
acostado, y se fue a su casa alabando a Dios.
Todos quedaron asombrados y ellos también
alababan a Dios. Estaban llenos de temor
y decían: «Hoy hemos visto maravillas.»

LUCAS 5:17-26

En tu boca hay poder. Puedes hacer uso de tus palabras para declarar sanidad, echar fuera demonios y obrar milagros con autoridad. Cuando la Biblia relata el milagro de sanidad del paralítico al que bajaron por el techo, leemos que el Señor ya tenía el poder para sanar, pero no se activó hasta que declaró la Palabra.

La bendición y unción de Dios puede estar en ti, pero se activará cuando lo confieses. Créele, declara lo que sucederá y así se hará, porque tienes el poder para hacerlo. Recordemos que la fe es por el oír y se manifiesta por el hablar y el hacer.

Nuestras palabras tienen tanto poder que incluso son capaces de cambiar nuestras circunstancias, porque al declarar bendición, provocamos que nuestra actitud y pensamiento cambie positivamente, porque afirmamos aquello que sucederá.

Busco al Señor en oración

Háblale a tu Padre, deja que escuche tu voz: "Señor, te doy infinitas gracias por Tu amor y unción. Confieso que me debo completamente a

105

Ti y te entrego mi ser para ser portador de Tu mensaje y Tu bendición a quienes escuchen".

Reflexiono

- *Analiza si usas tu boca para declarar solamente lo bueno que vives y vivirás, más que las circunstancias adversas.*
- *¿Qué tanto declaras las promesas del Señor ante una situación difícil?*
- *¿Con qué palabras positivas y de esperanza bendices a las personas?*
- *¿En qué momentos proclamas con tu boca que el Señor es tu Salvador y que le amas por sobre todas las cosas?*

¡En acción!

Anoto la situación particular en la cual declararé la Palabra para llevar bendición a alguien. También anoto una circunstancia que ha sido un obstáculo en mi vida y qué Palabra específica proclamaré para hacerlo a un lado:

Otras citas

Lucas 8:5-10

Mateo 18:18-19

Proverbios 18:20-21

Proverbios 13:2-3

Marcos 4:37-41

Mi voz servirá
únicamente para
proclamar las maravillas
del Señor.

DÍA 21

MI PRESENCIA SIEMPRE IRÁ CONTIGO

Pues si realmente es así, dime qué quieres que haga. Así sabré que en verdad cuento con tu favor. Ten presente que los israelitas son tu pueblo. —Yo mismo iré contigo y te daré descanso —respondió el Señor. —O vas con todos nosotros —replicó Moisés—, o mejor no nos hagas salir de aquí. Si no vienes con nosotros, ¿cómo vamos a saber, tu pueblo y yo, que contamos con tu favor? ¿En qué seríamos diferentes de los demás pueblos de la tierra? —Está bien, haré lo que me pides —le dijo el Señor a Moisés—, pues cuentas con mi favor y te considero mi amigo.

ÉXODO 33:13-17

Moisés oró en el desierto pidiendo que Dios lo acompañara siempre. Para él era mejor vagar en el desierto con Dios, que llegar a la Tierra Prometida sin Su Espíritu Santo. Lejos de la presencia del Padre, nada vale la pena, por bueno que parezca.

¡Todo depende de ti! El Señor ya te aseguró que estará siempre a tu lado, ahora podríamos decir que es Él quien te pregunta hacia dónde lo llevarás, porque te ha dado la libertad e iniciativa para buscar lo bueno, agradable y perfecto.

Tu mayor anhelo y búsqueda es sentir la compañía del Espíritu Santo. Más aún, en los momentos de temor e incertidumbre, porque esa certeza llenará de valentía tu corazón y obrará para bien en toda circunstancia.

Busco al Señor en oración

Cierra tus ojos y explícale al Señor cuánto lo necesitas junto a ti: "Padre, eres mi compañero indispensable, mi confidente y apoyo incondicional. Si no estás a mi lado, no voy a ninguna parte, me siento perdido y solo, pero si estás junto a mí, todo lo puedo, no hay meta imposible, ni lugar donde no pueda llegar porque me impulsas a seguir adelante, gracias, Espíritu Santo".

Reflexiono

- *¿En qué momentos te has sentido solo y sin apoyo de nadie?*
- *Si constantemente necesitas que alguien te acompañe para darte apoyo en situaciones que consideras difíciles, ¿por qué piensas que te sucede esto?*
- *Cuando piensas que eres autosuficiente y puedes lograrlo todo sin la compañía o apoyo de alguien, ¿de qué forma consideras que el Espíritu Santo puede ayudarte?*

¡En acción!

Enumero los lugares y situaciones específicos donde anhelo que el Señor me acompañe:

1. --

----
2. --

----

3. _____

_____

_____

Otras citas

Josué 1:9

Jeremías 20:11

**Gracias por estar
conmigo, ¡te necesito!**

DÍA 22

SIEMPRE TÚ, SEÑOR

Sin embargo, todo aquello que para mí era ganancia, ahora lo considero pérdida por causa de Cristo. Es más, todo lo considero pérdida por razón del incomparable valor de conocer a Cristo Jesús, mi Señor. Por él lo he perdido todo, y lo tengo por estiércol, a fin de ganar a Cristo.

FILIPENSES 3:7-8

El apóstol Pablo era un hombre virtuoso que tenía muchas cosas para sentirse orgulloso: su familia, sus triunfos y títulos, pero decidió no darle importancia a todo esto por conocer a Jesús de forma intensa y profunda.

Si alguien te pregunta qué prefieres, si recibir un pastel o conocer al dueño de la pastelería, quien puede regalarte muchos pasteles, seguramente te inclinarías por conocer a la persona. Lo mismo sucede con nuestro Padre. Ninguna de las bendiciones de Dios, por grande que parezca, es mejor que tenerlo cerca a Él, quien provee todo. Así que en cualquier momento, cuando debas escoger, decídete siempre por Su presencia. ¡Dios debe tener el primer lugar en tu vida!

Busco al Señor en oración

Acércate a Dios y confírmale que Él es lo más importante para ti: "Padre, sabes que Tu presencia es primordial en mi vida, porque sin ti no soy nada y tuyo es cuanto he logrado y lograré. ¡Tú estás por sobre todo deseo de mi corazón, mi sueño más grande es tenerte a mi lado, experimentar Tu presencia y ¡compartirla con todo el mundo!".

Reflexiono

- *¿En qué situaciones le has demostrado al Señor que Él es la prioridad en tu vida?*
- *¿Cuántas veces has aplazado tu tiempo con el Señor porque lo dedicaste a otra actividad?*
- *¿En qué has invertido más recursos, pasión y entrega que no sea en servir a Dios?*
- *¿De qué forma le enseñas a tu familia y a tus amigos a darle el primer lugar al Señor en sus vidas?*

¡En acción!

Escribo una nota al Espíritu Santo porque Él siente y se emocionará cuando me presente delante Suyo, con una carta que le exprese mi gran amor:

Anoto tres formas de demostrarle al Señor que es mi prioridad:

En mi hogar: -------------------------------------

En mi trabajo: -----------------------------------

En mi congregación: ------------------------------

Otras citas
Mateo 8:22
Lucas 14:26

Mi Padre Celestial y Su Santo Espíritu son lo más importante en mi vida.

¡Hemos llegado a la meta!

Disfrutamos de 22 días con el
Espíritu Santo. Estoy seguro de
que ahora tu comunicación con
Él será más íntima y espontánea,
porque conoces mejor Su corazón
y la intensidad con la que
desea relacionarse contigo.

A partir de hoy, tu vida no
será la misma, porque Su
presencia, gracia y unción
siempre te acompañarán.

MIS ANOTACIONES

MIS ANOTACIONES

MIS ANOTACIONES

MIS ANOTACIONES

MIS ANOTACIONES

MIS ANOTACIONES

MIS ANOTACIONES

MIS ANOTACIONES

Nos agradaría recibir noticias suyas.
Por favor, envíe sus comentarios sobre este libro
a la dirección que aparece a continuación.
Muchas gracias.

Vida@zondervan.com
www.editorialvida.com